# L'HARMONIE EN EXEMPLES

## OU

## HARMONIE-PRATIQUE

### DES JEUNES PIANISTES.

# RECUEIL

## D'ACCORDS, DE MODULATIONS, DE PROGRESSIONS

## OU MARCHES D'HARMONIE, ETC.,

### POUR SERVIR DE PRÉPARATION A L'ÉTUDE DE CETTE SCIENCE;

### PAR P.-A. CLOUZET AÎNÉ.

Prix : 12 francs.

On ne doit enseigner les *règles* aux Élèves, que lorsqu'ils ont acquis la connaissance des *faits*, car les règles ne sont que le résumé des faits.

Paris,

CHEZ GUSTAVE MARQUERIE & Cᵉ, ÉDITEURS DE MUSIQUE, PASSAGE DE L'OPÉRA, 17, GALERIE DU BAROMÈTRE.

Bordeaux, imp. de Balarac jeune.

# PRÉFACE.

L'oreille doit être exercée à l'harmonie comme elle l'est à la mélodie.

Le but de ce Recueil est, comme l'indique son titre, de *préparer les Élèves à l'étude de l'Harmonie*, en habituant l'oreille à l'effet des accords, en mettant dans les doigts des passages et des marches d'harmonie, et surtout en meublant la mémoire d'accords et de modulations de toutes sortes, préliminaire indispensable formant un ensemble de prénotions qu'on a négligées jusqu'ici, et dont il est cependant facile de comprendre les avantages, car en supposant que l'étudiant se bornât à cette seule pratique, il posséderait au moins le mécanisme de l'Harmonie, source d'une véritable jouissance pour lui.

On doit apprendre l'Harmonie comme on apprend sa langue : *la Pratique avant la Théorie*, telle est la marche de la nature; l'enseignement doit procéder comme elle. De même qu'on a parlé avant d'apprendre la Grammaire, on a fait de l'harmonie avant d'en étudier les lois : on a déduit les règles *d'après les faits*. Commençons donc par acquérir la connaissance pratique de ces faits, accoutumons l'oreille aux combinaisons des sons, et apprenons *ensuite* les règles de ces combinaisons.

Ce n'est donc pas un Traité qu'il faut d'abord au jeune Élève qui manque des premières connaissances de l'Harmonie ; mais bien, des faits multipliés qu'on lui fera *observer* pour en déduire des règles (qui alors, et seulement alors, seront bien comprises), et le conduire ainsi de la pratique à la théorie ; car on ne saurait trop le répéter, *les règles étant le résumé des faits*, c'est par les faits qu'il faut débuter; la théorie vient ensuite les coordonner, et la Science ou l'Art commence alors : Le grand art d'enseigner, dit Dumarsais, c'est de savoir profiter des connaissances qui sont dans l'esprit de ceux qu'on veut instruire pour les mener à celles qu'ils n'ont point ; c'est ce qu'on appelle *aller du connu à l'inconnu*. Tout le monde convient du principe, mais dans la pratique on s'en écarte. — Ajoutons à ce passage si judicieux, cet autre de Condillac : Si vous voulez me faire concevoir des idées que je n'ai pas, il faut me prendre aux idées que j'ai : c'est à ce que je sais que commence tout ce que j'ignore.

Ce Recueil ne contient donc pas une seule règle, mais il a été composé en vue de les expliquer toutes plus tard. A cet effet, on y trouvera des exemples sur tous les cas qui peuvent se présenter, depuis l'harmonie la plus simple jusqu'à la plus composée. Ces exemples pourront également être utiles aux personnes qui savent l'Harmonie, comme moyen de vérifier les règles qu'elles ont apprises, et de récapituler les principes ; elles y trouveront des combinaisons harmoniques qu'elles ne connaissent probablement pas. Les Professeurs mêmes y puiseront une infinité d'exemples pour leurs leçons, car ce Recueil ayant été fait en dehors de toute idée systématique, peut s'appliquer à toutes les méthodes et ne contrariera aucun système d'enseignement: Cet ouvrage servira donc avant, pendant, et après le Cours d'Harmonie ; mais il ne faut pas perdre de vue qu'il a été fait spécialement pour servir d'*introduction nécessaire* aux Traités déjà publiés, (de Catel, de Reicha, de Fétis, de Henry Lemoine, etc., etc.)

Les jeunes Pianistes éprouvent souvent de l'embarras pour préluder, ou tout au moins pour faire quelques accords qui servent de prélude aux morceaux qu'ils exécutent. Ce Recueil leur viendra en aide, car la pratique seule qu'ils en auront faite leur apprendra à combiner des accords pour ces préludes, objet de leur plus vif désir.

Enfin, notre Recueil sera encore utile à ceux qui jouent de l'harmonium, instrument qui exige surtout l'emploi des accords. Nous ferons même remarquer que l'harmonium convient mieux que le piano, parce qu'il soutient les sons, avantage qui permet d'apprécier l'effet des suspensions d'harmonie et des tenues en général.

# DIVISION DE L'OUVRAGE.

Cet ouvrage est divisé en 5 Parties, dont voici le nom et la matière :

**I. Gammes harmoniques.** — Cette partie contient la *Gamme diatonique* accompagnée de diverses manières, depuis les simples tierces jusqu'à l'harmonie la plus recherchée.

**II. Progressions ou Marches d'harmonie.** — Cette partie présente des *Progressions* simples d'abord, puis graduellement compliquées. C'est principalement à partir de ces Marches harmoniques qu'on trouvera ce qu'on appelle accords consonnants, dissonants, avec altérations, retards, suspensions, etc. — Cadences parfaites, évitées, interrompues, etc. — Accords de supposition, de substitution, de passage, etc. — Tours de clavier, etc., etc.

**III. Gammes chromatiques.** — Cette partie offre la *Gamme chromatique* accompagnée d'une infinité de manières, parmi lesquelles il en est de très-variées et d'extrêmement riches.

**IV. Suites d'accords, Modulations diverses.** — Cette 4° partie contient des combinaisons harmoniques très-curieuses, qui seront fort utiles pour les études théoriques ultérieures.

**V. Passages harmonieux et Morceaux de divers Auteurs.** — Cette dernière partie contient plusieurs *Passages* et *Morceaux* remarquables par la richesse de l'harmonie, choisis dans les Auteurs les plus renommés, tels que Haydn, Berton, Chérubini, Wéber, Méhul, Gluck, Bellini, Auber, etc. — Ces divers morceaux ont été réduits pour le Piano, d'après la partition. — Nous engageons les Élèves à continuer eux-mêmes cette 5° partie (qui peut être illimitée) en copiant, dans les pièces qu'ils jouent ou qu'ils entendent, les *passages riches d'harmonie* qui leur plaisent le plus. Ils formeront ainsi des Recueils très-intéressants et qui leur seront infiniment utiles.

Nous ferons remarquer, en terminant, qu'il n'est pas nécessaire d'être pianiste proprement dit, pour jouer les pièces de ce Recueil, (excepté tout au plus les morceaux de la dernière Partie); il suffit de connaître le clavier du piano et de plaquer les accords pour en retirer les avantages qu'on doit en attendre.

## RECOMMANDATIONS AUX ÉLÈVES.

Les Élèves devront jouer ces divers exercices *lentement*, pour en bien saisir les effets.

Ils chercheront à les apprendre *par cœur*, de manière à les savoir imperturbablement.

Les Gammes diatoniques et les Progressions harmoniques (1re et 2e Partie) sont généralement en *ut majeur* et en *la mineur*; il sera utile de les transposer dans tous les tons, ou au moins dans les principaux (jusqu'à 4 dièses ou 4 bémols à la clef).

Il faudra aussi s'exercer à changer en *mineurs* les passages majeurs qui en sont susceptibles, (dans la 2° et la 4° Partie).

## 1ʳᵉ PARTIE.
# GAMMES HARMONIQUES.

**1. Gamme accompagnée par des tierces.**

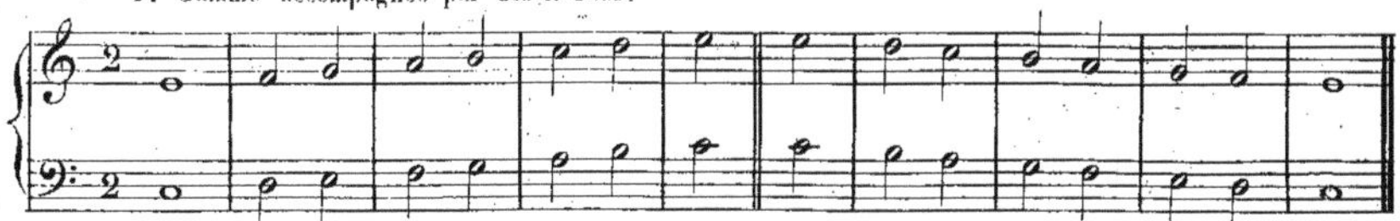

**2. Gamme accompagnée par des tierces et des sixtes.**

**3. Gamme accompagnée par des accords consonnants.**

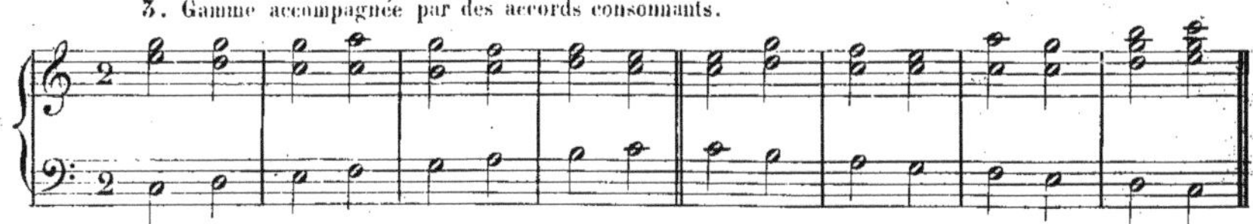

**4. La Gamme accompagnée de différentes manières.**

**5.**

**6.**

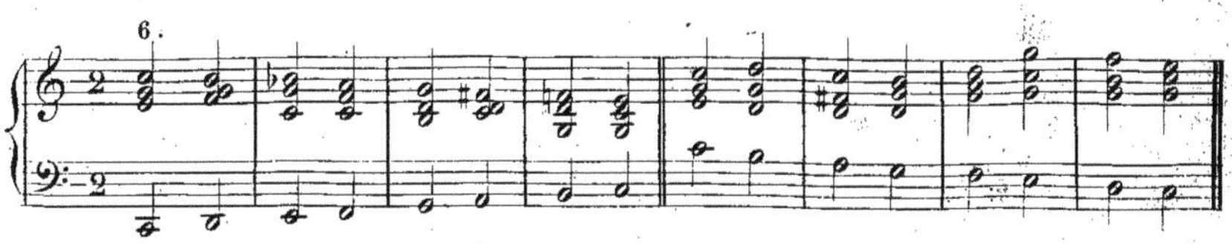

J. Guillemard, graveur, 21, rue Neuve des Petits Champs.     Imp: Bouchard, 18, rue St Lazare.

6
7.
8.
9.
10. Baillot. ( Méthode de Violon du Conservatoire.)
11. Règle de l'Octave. Gamme majeure. ( D'après Fétis.)
12. Règle de l'Octave. Gamme mineure.(D'après Fétis.)
ou Fa ♯
ou Sol ♯

13. Autre manière d'accompagner la gamme mineure. ( D'après Henry Lemoine.)

14. Terminaison à l'Italienne, ( en Majeur et en Mineur.)     15. Retards de Sixtes.

16. La même Gamme, en accords plaqués, ( le Piano ne soutenant pas les sons

comme l'Harmonium.)     17. Retards.

18. La même Gamme, en accords plaqués.

19. Autre manière d'accompagner la Gamme, en descendant.

2ᵉ PARTIE.

# PROGRESSIONS
## ou
## MARCHES D'HARMONIE.

30. Diverses marches d'harmonie.
31.
32.
33. Autre manière de descendre, (avec altération de notes.)
34. Suite d'accords
parfaits.
35. Les mêmes accords parfaits altérés, ( majeurs et mineurs.)
36. Six Progressions, par Fétis.
37.

10
38.
39.
40.
41.
42. Cadences parfaites évitées.
43. Les mêmes, avec altération de
notes.
44.
45. Progression en
accords parfaits majeurs.

46. Trois Progressions, par Reicha.
47.
48.
49. Progression par accords parfaits, majeurs et mi_
neurs alternativement.
50. Progression par accords parfaits et ac_
cords de sixtes.
51. Progression par septièmes diminuées et accords parfaits.
52.
&c.
53. Septièmes superflues.
à l'octave basse (jusqu'à la fin.)

**54. Septièmes superflues.**

**55. Progressions diverses, appelées**

aussi Tours de clavier.  56.

57.

58.

59.

60.
61.
62.
63.
64.
65. Progression chromatique.
66. Autre Progression chromatique.

**67. Autre Progression chromatique.**

**68. Progression par accords parfaits.**

**69. Marche chromatique, avec sixtes augmentées.**

**70. Marche chromatique, avec**

**quartes augmentées.**  **71. Marche chromatique, avec septièmes diminuées.**

**72. Marche chromatique, avec dessin à la basse et au chant,**

**73. La même marche, un demi-ton plus-haut.**

# GAMMES CHROMATIQUES.

74. Gamme chromatique accompagnée avec des accords parfaits et des accords de sixtes.          75. Gamme

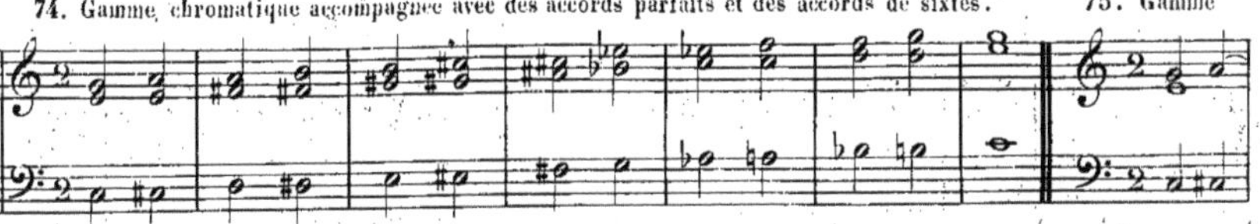

chromatique avec des dièses. ( Catel.)

76. Gamme chromatique avec des bémols. ( Catel.)

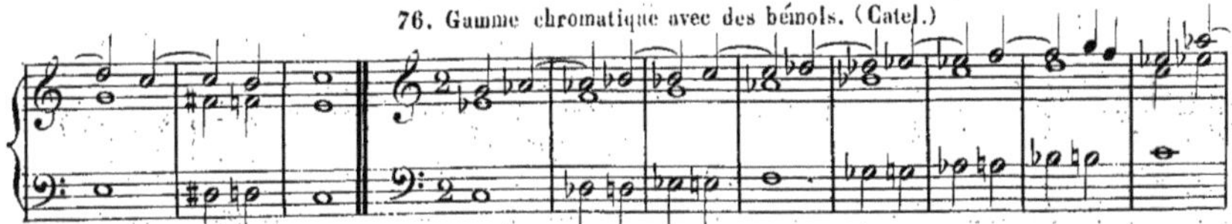

77. Gamme chromatique, avec des

fausses quintes en montant, et des quartes augmentées en descendant.

78. Gamme chromatique descendante, réunissant les fausses quintes et les quartes augmentées.

79. Gamme chromatique, avec septièmes diminuées et fausses quintes en montant.
Avec septièmes diminuées et fausses quintes en descendant.
80. Gamme chromatique, avec secondes augmentées et sixtes quartes.
81. Diverses Gammes chromatiques, avec septièmes diminuées.
82.
83.
84.

85.

86.

87.

88. Gamme chromatique

...ascendante. Formule pour passer dans tous les tons chromatiquement en montant.

89. La même gamme en accords plaqués ( pour la facilité de l'exécution.)

90. Gamme chromatique descendante, Formule pour passer dans tous les tons chromatiquement en descendant.

91. Gamme chromatique, ( accords de sixte augmentée avec quarte augmentée.)

92. Idem.

93. Gamme chroma...

à l'octave basse ( les deux parties )

tique, avec dessin au dessus.

à l'octave basse ( jusqu'à la fin.)

94. Formule pour passer dans tous les tons, le chant descendant diatoniquement.

**95. Accord de sixte augmentée reposant sur l'accord de sixte-quarte.**

à l'octave basse ( jusqu'à la fin.)

**96. Suite de Cadences sans sensible.**

**97. Gamme chro-**

matique, très-riche d'harmonie ( citée par Mansui, dans ses Etudes.)

**98. La même Gamme, en accords plaqués ( pour la facilité de l'exécution.)**

# SUITES D'ACCORDS.
# MODULATIONS DIVERSES.

106.
107.
108. La même
Suite d'accords avec suspensions de chant.
109. Autres Suites d'accords, appelées Tours de
clavier.
110.
111.
112.
113. Accords de septième diminuée, avec al_
térations. (Il y a ici 2 quintes qui sont tolérées.)
114. Idem. (avec 2 quintes tolérées.)
115. Accords de septième diminuée reposant sur l'ac_
cord parfait.

22

116, Autres Suites d'accords, avec successions, suspensions, &c.
117.
118.
119.
120. Basse avec diminutions.
121.

122. De Reicha
123. De Reicha.
124. Suite chromatique.
125. Modulation ou transition.
126. De Henry Lemoine.
127. Le même morceau avec l'har_
monie divisée. ( par Henry Lemoine.)
128. Accords pla_
qués, ( passage de Méhul.)
129. Le même passage, en accords brisés.
130. Pédale inférieure ( ou au grave), sur la tonique.

24
131. Pédale inférieure, sur la dominante.
132. Autre Pédale inférieure, sur la to_
nique, (par Henry Lemoine)
133. Autre Pédale inférieure, sur la dominante, ( par le même.)
134. Pédale intérieure.
135. Pédale supérieure et intérieure,
(sur la tonique.)
Pédale inférieure, supérieure, et intérieure,
( sur la dominante.)
136. Pédale double, à l'aigu ( de Cimarosa.)
137. Pédale au grave.
138. Pédale au grave, ( suite de septièmes diminuées au dessus. )
139. Pédale
inférieure, (de Méhul.)

# PASSAGES HARMONIEUX

## ET *MORCEAUX* DE

## DIVERS AUTEURS.

145. Gluck ( dans Armide.) Suite d'accords de sixtes.
Allegretto.
146. Berton ( dans Aline.) Passage enharmonique
147. Gluck ( dans Al_
ceste.) Passage non-enharmonique.
Le même passage rectifié.
148. Chérubini. (Véritable passage enharmonique.)
149. Ché_
_rubini.
150. Wolff et de Bériot. ( Duo des
Diamants de la couronne, d'Auber.)

151. Wolff et de Bériot. ( Duo des Diamants de la couronne, d'Auber.)
152. Ferd. Beyer ( Divertissement sur l'Opéra de Catarina Cornaro, de Donizetti.)
153. Weber ( dans
Lent.
Oberon. )
154. Haydn. ( Quatuor.)
mezza voce.
ten.
Largo.
ten.
cresc.
ff
p
f
pp
ten.
ten.
fz

155. Berton ( dans Montano et Stéphanie.) Suspensions de chant.
Lento.
156. Weber. ( dans Euriante.)
Largo.
ppp Legato.

157. Bellini.
Legato sempre.
pp
(dans Norma.)
Andante grave.
cresc.
pp
158. Auber (dans les Diamants de la couronne.)
p
Un peu de mouvement.

30
159. Bellini. ( dans les Puritains.)
Allegro assai. Très fort.
f f f f f
(segue)
p
3
p p sfz Silence.
3
160. Auber. ( dans le Domino noir.)
Andante. P
FIN.